Marie Berger

SLAY #gegenrechts:

Rechtspopulistische Parolen zerlegen – mit Argumenten und Fakten aufklären

Marie Berger wurde 1988 in Bayern geboren und wuchs in einer Ortschaft auf, die per definitionem gerade noch als Kleinstadt bezeichnet werden darf. Sie studierte Erziehungswissenschaft und Philosophie. Seit 2017 veröffentlicht sie unter diesem und anderen Pseudonymen in diversen Genres. Seit einigen Jahren pendelt Marie zwischen Deutschland und dem Ausland.

SLAY

#gegenrechts

Rechtspopulistische Parolen zerlegen –
mit Argumenten und Fakten aufklären

FSC
www.fsc.org
MIX
Papier aus verantwortungsvollen Quellen
Paper from responsible sources
FSC® C105338

Umschlaggestaltung: Marie Berger

Bibliografische Informationen der Deutschen Nationalbibliothek:

Die Deutsche Nationalbibliothek verzeichnet diese Publikation in der Deutschen Nationalbibliografie; detaillierte bibliografische Daten sind im Internet über: http://dnb.dnb.de abrufbar.

Verlag: BoD · Books on Demand GmbH, Überseering 33, 22297 Hamburg, bod@bod.de
Druck: Libri Plureos GmbH, Friedensallee 273, 22763 Hamburg

ISBN: 978-3-7693-4939-9

Inhalt

Warum dieses Buch?

Ich bin mit dem Motto *Mit Nazis diskutiert man nicht!* aufgewachsen. Und daran habe ich mich ziemlich lange gehalten, denn eine Diskussion mit eingefleischten Rechtsextremen erscheint meist ebenso sinnvoll wie Mikroplastik am Strand per Hand einzusammeln; es ist ein aufwendiges, nerviges Unterfangen, das vergebens erscheint. Aber: Die Mühe kann sich doch lohnen! Denn der Ort ist am Ende sauberer als zuvor und mit etwas Glück war bei dem ganzen Müll sogar noch ein bisschen Material für kreative Upcycling-Projekte dabei.

Mir ist bewusst, dass sich nach dieser Einleitung bereits einige überzeugte Ideolog:innen[1] von diesem Buch abgewandt haben werden, aber ich habe trotzdem Hoffnung, dass DU weiterliest.

Rechtspopulistische Aussagen zeichnen sich durch einfache, oft provokative Botschaften aus, die komplexe gesellschaftliche Themen vereinfachen und starke Emotionen wie Angst oder Wut schüren. Aber:

---

[1] Ich begrüße alle Menschen herzlich als Leser:innen und bitte darum, die unregelmäßige Verwendung der Doppelnennung als flexible Anwendung des inklusiven Sprachgebrauchs in Fließtexten zu verstehen.

Nicht alle Leute, die populistische Parolen nachplappern, sind überzeugte Rechtsradikale.

Viele Menschen übernehmen rechte Behauptungen aus Unsicherheit, Frustration oder einfach deshalb, weil sie sie auf TikTok zum hundertsten Mal gehört haben.

Genau hier setzt dieses Buch an: Es liefert kurze Argumente, mit denen du rechtspopulistische Behauptungen im Gespräch entlarven kannst[1] – für Klassenzimmerdebatten, Familienfeiern oder die Kommentarspalte unter einem AfD-Post bestens geeignet.

Mit Fakten, Humor und verbaler Schlagfertigkeit schaffen wir es vielleicht, den ein oder anderen NPC, der zu weit auf die rechte Seite gewandert ist, in die Realität zurückzuholen.

3 Grundlagen einer slayen Argumentation

Du denkst, dass der:die andere Mist redet, aber weißt nicht genau wie du deinen Standpunkt klarmachen kannst? Streitgespräche können frustrierend sein, besonders wenn man von Natur aus eigentlich wenig Lust auf Debatten hat. Noch nerviger ist es nur, sich rechte Parolen anhören zu müssen, ohne kontern zu können.

Hier sind drei einfache Grundsätze, um dein Argument bestmöglich zu vermitteln:

1. **Beginne das Gespräch respektvoll und auf Augenhöhe**

- **Hör' zu**

Man gewinnt Vertrauen und baut eine gute Gesprächsbasis auf, indem man dem Gegenüber zuerst aufmerksam zuhört, ohne zu unterbrechen oder zu widersprechen. Außerdem kannst du nur kontern, wenn du die Argumente der Gegenseite kennst.

Tipp: Stelle offene Fragen

„Was bringt dich dazu zu glauben, dass der Klimawandel eine Lüge ist?“ oder „Warum denkst du das?“

- **Stelle Augenkontakt her**

Das Gespräch wird dadurch aufrichtig, du wirkst offen und kannst deine eigene Meinung selbstbewusster vermitteln.

- **Bleib‘ freundlich**

Vermittle deinem Gegenüber Wertschätzung, damit er oder sie eher bereit ist, neue Informationen anzunehmen. Beleidigungen sind dabei nicht hilfreich.

Eine gute Gesprächsbasis unterstützt, dass Gesprächspartner eher bereit sind, Dinge aus deiner Perspektive zu betrachten.

2. Achte auf deine Körperhaltung & Wortwahl

- **Sei standhaft**

Die effektivste Haltung, um überzeugend zu wirken: mit beiden Füßen fest auf dem Boden und den Handflächen nach unten gerichtet – oder mit offenen Handflächen, wenn du deine Worte begleitest.

Während deine Körperhaltung Standhaftigkeit ausdrücken sollte, kannst du sprachlich ein wenig flexibler sein.

- Formulierungen, die eine gewisse Flexibilität andeuten, lassen dich weniger rechthaberisch und stattdessen offener für einen Kompromiss erscheinen.

Bsp.: „Es könnte sein, dass…“ statt „Es ist so, dass…“

- **Sprich unaufgeregt und deutlich**

Das strahlt Sachkenntnis und Überzeugungskraft aus.

- **Beende deine Sätze mit Bestätigungsfragen**

Wenn du dein Gegenüber dazu bringst, dir in kleinen Punkten zuzustimmen, steigt die Chance, dass er oder sie sich insgesamt etwas mehr auf deine Argumente einlässt.

Bsp.: „Das ist doch logisch, oder?“ / „Das würdest du doch auch so sehen, oder nicht?“

3. Überzeugen ist besser als Überrumpeln

- **Hab‘ Verständnis**

Wenn du ein Argument der Gegenseite in eigenen Worten wiederholst, zeigst du, dass du wirklich zuhörst, bzw. das Problem verstehst.

Tipp: Formuliere die Aussage in deinen Worten, z. B.: „Du meinst also, dass es in Deutschland keinen Platz mehr gibt für weitere Einwanderer?“

- **Finde gemeinsame Ansichten**

Gemeinsamkeiten schaffen ein positives Gesprächsklima. Gegenseitiges Verständnis kann auch deine Überzeugungskraft stärken.

Bsp.: „Ich sorge mich ebenfalls um die Sicherheit in Deutschland und wünsche mir, dass sich die Regierung ernsthaft mit dem Thema beschäftigt.“

- **Know your facts**

Unsere Argumente erscheinen uns oft logisch, bis wir sie anderen laut erklären müssen.

Deshalb: als Diskussions-Nerd kannst du dich vorbereiten, indem du Quellen, Studien und Eckdaten selbst überprüfst. Wenn du die Fakten kennst und verstehst, kannst du sie überzeugend vermitteln.

- **Nutze smarte Gadgets**

Elemente, die mit Wissenschaft assoziiert werden (Fachbücher, Studien, Diagramme usw.), können dein Argument überzeugender darstellen. Wenn du das Buch hier nicht zur Hand hast, liefert das Internet 24/7 brauchbare Unterstützung.

- **Verwirre mit extremer Zustimmung**

Anstatt eine Aussage direkt mit einem Gegenargument anzugreifen, kannst du das Gesagte auch einfach wiederholen und mächtig übertreiben. Du führst die Grundannahme ins Absurde und machst dadurch klar, wie lächerlich die Annahme von Grund aus ist.

Bsp.: „Du meinst also, dass die vielen Flüchtlinge ihr Leben auf dem Mittelmeer riskieren, um dir dein Bier und Schnitzel wegzunehmen?"

- **Decke gefährliche und wahnsinnige Argumente auf**

Das Bewusstsein für Risiken kann dazu beitragen, dass dein Gesprächspartner seine Meinung überdenkt.

Bsp.: „Wir könnten jetzt alle Maßnahmen zur Erreichung der Klimaneutralität einstellen und so weitermachen wie bisher. Aber was passiert, falls der menschgemachte Klimawandel doch real ist?"

- **Vermeide eine Fakten-Flut**

Fakten sind richtig und wichtig. Debatten leben aber auch von Anpassungsfähigkeit und Gefühlen. Ersticke deine:n Gesprächstpartner:in deshalb nicht mit zu vielen Fakten, auch wenn du vielleicht ein ganzes Buch über das Thema schreiben könntest.

Konzentriere dich auf die zwei wichtigsten Belege für deinen Standpunkt und behalte die anderen Fakten im Hinterkopf.

Eins vorweg

In den folgenden Kapiteln werden teilweise unschöne Statements zitiert. Ich habe eine Weile überlegt, ob ich die Aussagen dieser Pappnasen tatsächlich weiterverbreiten soll, indem ich sie in meinem eigenen Buch wiederhole. Um die Absurdität und Frechheit bestimmter Ideen authentisch darzulegen, eignet sich in vielen Fällen allerdings nichts besser als ein Originalzitat der Rädelsführer:in.

Rädelsführer? Rechts, rechtsextrem, radikal? Was ist eigentlich der Unterschied? Gegen ein bisschen rechtskonservative Politik ist doch nichts einzuwenden?! Viele Menschen würden sich selbst nicht als rechtsradikal einschätzen, nicken aber bei rechtspopulistischen Reden und wählen rechtsextreme Parteien.

Eine pluralistische Gesellschaft zeichnet sich zwar dadurch aus, dass sie unterschiedliche Meinungen, Lebensentwürfe und politische Ansichten zulässt, aber nur solange diese mit den Prinzipien der Demokratie und der Menschenwürde vereinbar sind.

Klare Worte helfen, die Situation einzuschätzen:

Die Alternative für Deutschland **(AfD)** wird vom Bundesamt für **Verfassungsschutz** (BfV) seit März 2021 als **rechtsextremistischer Verdachtsfall** eingestuft. Im März 2022 bestätigte das

Verwaltungsgericht Köln die Rechtmäßigkeit dieser Einstufung, und im Mai 2024 wies das Oberverwaltungsgericht Münster die Berufung der AfD gegen diese Entscheidung zurück.[2]

Auf Landesebene stuft beispielsweise der Verfassungsschutz Baden-Württemberg den dortigen AfD-Landesverband als rechtsextremistischen Verdachtsfall ein. Und auch in Thüringen wird der Landesverband der AfD (als gesichert rechtsextremistisch) beobachtet. Ähnlich verhält es sich in Sachsen, wo der AfD-Landesverband ebenfalls als gesichert rechtsextrem gilt.[3] Auch die (mittlerweile aufgelöste) Jugendorganisation der AfD (Junge Alternative, JA), wurde als rechtsextremistischer Verdachtsfall gehandhabt.[4] Hinsichtlich einzelner Parteimitglieder konzentriert sich die Beobachtung auf Personen, die durch besonders radikale Äußerungen oder Aktivitäten auffallen. Beispielsweise wird der Thüringer AfD-Landesvorsitzende Björn Höcke vom Verfassungsschutz als Rechtsextremist eingestuft.[5]

Nicht alle, die AfD wählen, sind rechtsextrem. Aber alle, die rechtsextrem sind, wählen die AfD.

Meinungsfreiheit

Meinungsfreiheit ist ein grundlegendes Recht in Deutschland und eine zentrale Säule der Demokratie. Dennoch wird oft behauptet, dass sie durch "politische Korrektheit" oder eine angeblich von außen gesteuerte "Lügenpresse" eingeschränkt werde.

Doch bedeutet Sensibilität für Sprache wirklich Zensur? Und wer bestimmt eigentlich, was gesagt werden darf und was nicht? In diesem Kapitel besprechen wir diese Fragen und zeigen, warum Meinungsfreiheit in Deutschland aktuell nicht in Gefahr ist – sondern lebendig praktiziert wird.

Slayer 1: Lügenpresse/Kritik an öffentlich-rechtlichen Medien

Behauptung: Traditionelle Medien werden von Rechtspopulisten häufig als "Lügenpresse" oder "Systempresse" bezeichnet und man wirft ihnen vor, einseitig oder falsch zu berichten. Es wird unterstellt, dass die etablierten Medien bewusst falsche Informationen verbreiten und nicht objektiv berichten.

Widerlegung: Die Bezeichnung "Lügenpresse" ist eine pauschale Diffamierung[6] von Medien und zielt darauf ab, das **Vertrauen** in seriösen Journalismus allgemein zu **schwächen**. Medien sind nicht unfehlbar und unterliegen in Deutschland genau deshalb strengen **ethischen Standards** und Korrekturmechanismen. Auch der öffentlich-rechtliche Rundfunk ist durch **gesetzliche Regelungen** in seiner **Unabhängigkeit** geschützt.

Beispiel: Die Unabhängigkeit des Journalismus in Deutschland wird durch die folgenden Ebenen geschützt und gewährleistet:

Verfassungsrechtliche Garantien

Artikel 5 des Grundgesetzes sichert die Pressefreiheit und Meinungsfreiheit, was staatliche Eingriffe in die redaktionelle Arbeit grundsätzlich verbietet.

Gerichtliche Kontrolle

Unabhängige Gerichte, allen voran das Bundesverfassungsgericht, überprüfen staatliche Maßnahmen und Eingriffe, um sicherzustellen, dass die Pressefreiheit nicht verletzt wird.

Selbstregulierung und Ethikkodizes

Medienhäuser halten sich an festgelegte Regeln, die in sogenannten Pressekodizes stehen. Diese Regeln werden von unabhängigen Gremien, den Presseräten, überwacht. Dadurch soll sichergestellt werden, dass

Journalist:innen ihre Arbeit ehrlich, fair und verantwortungsvoll machen.

Widerlegung: Deutschland verfügt über eine vielfältige Medienlandschaft mit zahlreichen **privaten** und **öffentlich-rechtlichen Anbietern**. Zudem ist der Zugriff auf (legale) Inhalte im **Internet unbegrenzt** möglich. Die Vielfalt an privaten und öffentlich-rechtlichen Medien, die von unterschiedlichen Eigentümern geführt werden, verhindert, dass eine einzelne politische oder wirtschaftliche Kraft den Journalismus dominiert. Durch die Medienvielfalt wird eine ausgewogene Berichterstattung und Meinungsbildung ermöglicht.

Beispiel: Hier eine Auswahl der traditionellen Medien und Sender in Deutschland.

Öffentlich-rechtliche TV-Sender	ARD, ZDF, Phoenix, 3sat, Arte, KIKA
Private TV-Sender	RTL, Sat.1, ProSieben, Kabel Eins, VOX, RTL Zwei, ntv, Welt
Überregionale Tageszeitungen	FAZ, Süddeutsche Zeitung, Die Welt, taz, Handelsblatt

Wochenzeitungen & Magazine	Der Spiegel, Focus, Die Zeit, Stern, Bild am Sonntag, WirtschaftsWoche
Boulevardpresse	Bild, Express, B.Z.
Regionale Zeitungen (Beispiele)	Stuttgarter Zeitung, Rheinische Post, Hamburger Abendblatt, Sächsische Zeitung

Widerlegung: Der Vorwurf, die öffentlich-rechtlichen Medien würden systematisch lügen, ist unbegründet und nicht haltbar.

Beispiel: Unabhängige Institutionen wie der **Deutsche Presserat** überwachen die journalistische Arbeit und sorgen für **Transparenz**. Fehler werden in der Regel korrigiert, und es gibt Mechanismen zur Beschwerde und Richtigstellung. Zudem genießen die Medien in Deutschland laut dem *World Press Freedom Index* von **Reporter ohne Grenzen** eine hohe **Pressefreiheit** und **Glaubwürdigkeit**.[7]

Widerlegung: Durch die journalistische Arbeit unabhängiger Medien gelingt es häufig, die "wahre Lügenpresse" zu entlarven.

Beispiel: So wurde im Januar 2025 über eine russische **Desinformationskampagne** mit dem Spitznamen ‚Storm-1516' berichtet. Aufgedeckt wurde, dass im Vorfeld der Bundestagswahl 2025 über 100 **gefälschte Nachrichtenseiten** erstellt wurden, um Desinformationen zu verbreiten und Politiker:innen zu diskreditieren.

Diese Kampagne nutzte unter anderem manipulierte Videos, die in sozialen Medien kursierten und vermeintliche Unregelmäßigkeiten bei der Briefwahl zeigen sollten.[8] Auch auf den vergangenen US-Wahlkampf wurde durch Verbreitung von Desinformation Einfluss genommen.[9]

Fazit: Es ist richtig und wichtig, mediale Beiträge kritisch zu beobachten und zu hinterfragen. Wenn aber grundsätzlich davon ausgegangen wird, dass alle Medien lügen, bleibt am Ende keine Informationsquelle mehr übrig, der man noch glauben kann. Als ‚Normal-Bürger:innen' sind wir auf die Recherche, Berichterstattung und Einschätzung von seriösen Medien angewiesen.

Verunsicherung ist der beste Nährboden für Fake News. Kritik sollte daher in Bezug auf bestimmte Beiträge oder Sendungen und mit guter Erklärung geäußert werden. Allgemeines Misstrauen in der Bevölkerung gegenüber allen Medien zu säen, ist unangebracht.

Es gibt allerdings eine vielfältige Medienlandschaft in Deutschland, in der sich jede/r Konsument:in aussuchen kann, wie er/sie sich informieren möchte.

Tipp: Glaubwürdige Medieninhalte erkennt man zum Beispiel daran, dass sie:

- **Quellen nennen:** Seriöse Beiträge nennen ihre Quellen (wenn möglich), damit man den Ursprung der Informationen nachvollziehen kann.
- **Mehrere Perspektiven bieten:** Es werden unterschiedliche Sichtweisen beleuchtet, statt nur eine Meinung zu präsentieren.
- **Faktencheck betreiben:** Die Inhalte wurden von den Verfassern auf Richtigkeit geprüft und können mit unabhängigen Fakten verglichen werden.
- **Transparenz zeigen:** Es wird offen kommuniziert, wer hinter der Berichterstattung steht und wie sie finanziert wird.

Auf den Webseiten von bspw. Correctiv oder Faktenfinder Tagesschau gibt es weitere Tipps und Hilfestellungen, um glaubwürdige Inhalte von Falschmeldungen unterscheiden zu können.

Slayer 2: Das wird man wohl noch sagen dürfen/Politische Korrektheit

> *„Die Meinungsfreiheit ist in Gefahr, wenn beinahe jeder zweite Deutsche glaubt, sich in der Öffentlichkeit nicht mehr frei und ohne Furcht äußern zu können.“*[10]
>
> \- Alice Weidel

Behauptung: Rechtspopulisten in Deutschland äußern häufig die Sorge, dass ihre Meinungsfreiheit durch gesellschaftliche Normen und politische Korrektheit eingeschränkt werde. Sie argumentieren, dass bestimmte Meinungen tabuisiert würden und sie daher nicht mehr offen sprechen könnten.

Widerlegung: Deutschland verfügt über robuste gesetzliche Garantien für die Meinungsfreiheit, verankert im Grundgesetz. Einschränkungen bestehen hauptsächlich zum Schutz anderer Grundrechte, wie dem Schutz vor Beleidigung oder Verleumdung.

Politische Korrektheit ist aber kein Gesetz. Die ‚politisch korrekte‘ Verwendung von Worten zielt darauf ab, diskriminierende und verletzende Sprache zu vermeiden. Dadurch soll ein respektvolles und inklusives Miteinander gefördert werden. Die Meinungsfreiheit bleibt dabei unberührt; es geht vielmehr um **einen freiwillig respektvollen Umgang**.

Kritik an beleidigenden Ausdrucksweisen bedeutet nicht, dass Meinungen unterdrückt werden, sondern Hassreden.

Beispiel 1: **Die Diskussion um die Verwendung des Begriffs "Zigeunerschnitzel"**

Einige Restaurants und Lebensmittelhersteller haben beschlossen, diesen Begriff nicht mehr zu verwenden, da er als abwertend gegenüber der ethnischen Volksgruppen Sinti und Roma empfunden wird. Diese Entscheidung zielt darauf ab, respektvoll mit allen Bevölkerungsgruppen umzugehen und Diskriminierung zu vermeiden. Die Meinungsfreiheit wird dadurch nicht eingeschränkt; es handelt sich vielmehr um eine freiwillige Anpassung aus Rücksichtnahme. Das Schnitzel schmeckt auch mit einem anderen Namen noch gleich.

Beispiel 2: **Die Debatte über gendergerechte Sprache**

Einige Institutionen und Unternehmen haben Richtlinien eingeführt, die eine inklusive Sprache fördern sollen, z. B. durch die Verwendung von Gendersternchen oder Doppelnennungen. Ziel ist es, alle Geschlechter anzusprechen und niemanden auszuschließen. Aufmerksame Leser:innen haben auch in diesem Buch schon einige Beispiele für die praktische Verwendung von * oder : entdeckt. Die Nutzung findet freiwillig statt und hat den Zweck, dass sich alle angesprochen fühlen, die Lesen oder Zuhören.

Fazit: Zusammenfassend lässt sich sagen, dass politische Korrektheit darauf abzielt, einen respektvollen und inklusiven Dialog zu fördern, ohne die Meinungsfreiheit einzuschränken. Es geht darum, Sprache bewusst so zu gestalten, dass sie niemanden diskriminiert oder verletzt. Dadurch werden beispielsweise öffentliche oder geschäftliche Begegnungen für alle Beteiligten verbessert.

Statt sich in inklusiver Wortwahl zu üben, wiederholen Rechtspopulist:innen lieber im Boomerang-Modus, wie wenig sie noch sagen dürfen. Dabei sprechen sie noch genau so viel und genau so häufig wie seit eh und je, es interessieren sich bloß immer weniger Leute für intolerantes Gedankengut.

Klima-Chaos

Ausländerfeindlichkeit und die Ausgrenzung von Minderheiten stehen schon lange auf der Agenda rechtsradikaler Organisationen. Energiepolitik und Klimawandel-Leugnung sind relativ neu auf dem Programm. Da es sich hierbei aber um ein stark polarisierendes Thema handelt, über das nachhaltiger Irrglaube in der Bevölkerung verbreitet wird, wollen wir uns dem Thema kurz widmen.

Slayer 1: Klima-Lüge/Klimapolitik

> *„Die Klimaschutzpolitik der Bundesregierung beruht auf bisher unbewiesenen hypothetischen Klimamodellen.“*[11]

Behauptung: Die AfD und zahlreiche weitere Rechtspopulisten bestreiten die Existenz des Klimawandels oder dass dieser menschengemacht sei.

Widerlegung: Der menschengemachte Klimawandel ist wissenschaftlich eindeutig belegt. Die überwältigende Mehrheit der Klimaforscher stimmt überein, dass menschliche Aktivitäten, insbesondere die Verbrennung fossiler Brennstoffe,

Hauptursache für die globale Erwärmung sind. Organisationen wie das **Intergovernmental Panel on Climate Change (IPCC)** der vereinten Nationen haben umfassende Berichte veröffentlicht, die diese Zusammenhänge detailliert darlegen. Die Leugnung dieser Tatsachen steht im Widerspruch zur Vernunft und zum wissenschaftlichen Konsens. Es gibt auf der anderen Seite keine Fakten, die die Behauptung der Gegenseite belegen.

Let's talk facts:

Beispiel 1: Der *Fünfte Sachstandsbericht* des **Weltklimarats (IPCC)** aus dem Jahr 2014 stellt fest, dass es extrem wahrscheinlich ist, dass mehr als die Hälfte des beobachteten Anstiegs der globalen Durchschnittstemperatur seit Mitte des 20. Jahrhunderts durch menschliche Aktivitäten verursacht wurde. Der aktuelle Bericht (2023) bestätigt dieses Ergebnis und bezeichnet die menschliche Einflussnahme als unzweifelhaft. Es wird betont, dass menschliche Aktivitäten der dominante Faktor für die beobachtete globale Erwärmung sind.[12]

Beispiel 2: Eine Studie von **Cook et al. (2013)**, veröffentlicht in der Zeitschrift **Environmental Research Letters**[13], analysierte fast 12.000 wissenschaftliche Arbeiten zum Klimawandel und fand heraus, dass **97%** der Forscher:innen, einen **menschlichen Einfluss** auf das Klima **bestätigten**.

Fazit: Der menschengemachte Klimawandel ist wissenschaftlich eindeutig belegt. Berichte des Weltklimarats (IPCC) und zahlreiche Studien weltweit bestätigen die Erderwärmung und ihre möglichen Folgen. Extreme Wetterereignisse, wie die Hitzewellen und Überschwemmungen der letzten Jahre, sind direkte Auswirkungen des Klimawandels. Auch in Deutschland hat der Deutsche Wetterdienst (DWD) einen Anstieg der Durchschnittstemperaturen und eine Zunahme von Extremwetterereignissen dokumentiert.[14]

Slayer 2: Windräder der Schande/Energiewende

Behauptung: Während des Wahlkampfes 2025 kam von Seiten der AfD immer wieder die Behauptung, es gäbe keinen Grund für eine aufwendige Energiewende, da Kernkraft und fossile Brennstoffe erneuerbare Energien in Profitabilität und Verlässlichkeit überträfen.

Daher sprechen Rechtspopulisten sich gegen die Energiewende aus und fordert den Abriss von Windrädern zugunsten des Baus neuer Atomkraftwerke. Die Forschung zur Kernenergie sowie

Reaktor- und Kraftwerkstechnik soll wieder erlaubt und gefördert werden.

Widerlegung: Die Energiewende zielt darauf ab, nachhaltige und erneuerbare Energiequellen zu fördern, um den CO_2-Ausstoß zu reduzieren und die Abhängigkeit von fossilen Brennstoffen zu verringern. Windkraft spielt dabei eine entscheidende Rolle. Der Abriss bestehender Windräder würde die Energieversorgung gefährden und den Fortschritt in Richtung Klimaneutralität behindern. Zudem sind die Kosten und Risiken des Baus neuer Atomkraftwerke erheblich, während erneuerbare Energien zunehmend kosteneffizienter werden.

Beispiel 1: Laut dem **Bundesministerium für Wirtschaft** und Energie stammten im Jahr 2020 rund 45% **des in Deutschland erzeugten Stroms** aus **erneuerbaren Quellen**. Laut aktuellen Daten aus dem Jahr 2023 kommen rund **56,9 %** des in Deutschland erzeugten Stroms aus erneuerbaren Energien. Die **Windenergie** hatte dabei mit etwa **32 %** den größten Anteil. Diese Zahlen verdeutlichen den kontinuierlichen Ausbau erneuerbarer Energien in Deutschland und deren wachsende Bedeutung für die Stromerzeugung.[15] Stell‘ dir vor, es stünden plötzlich 32% weniger Strom zur Verfügung.

Beispiel 2: Laut einer Studie des **Fraunhofer-Instituts** aus dem Jahr 2024 liegen die Stromgestehungskosten[16] für erneuerbare Energien wie Photovoltaik-Freiflächenanlagen und Windenergie wesentlich unter denen für konventionelle Kraftwerke wie Braun- und Steinkohle.[17] **Erneuerbare Energien** sind somit nicht nur **umweltfreundlicher**, sondern auch **wirtschaftlich** vorteilhafter.

Widerlegung: Außerdem steht die Fortsetzung des Einsatzes von Kohle- und Kernkraftwerken im Widerspruch zu den langfristigen Klimazielen Deutschlands und gefährdet die Einhaltung internationaler Verpflichtungen zur Verringerung von Treibhausgasemissionen.

Das Pariser Klimaabkommen, unterzeichnet im Jahr 2016, hat das Ziel, die globale Erderwärmung auf deutlich unter 2 °C, idealerweise auf 1,5 °C über dem vorindustriellen Niveau zu begrenzen.[18] Dieses Ziel soll die gravierendsten Folgen des Klimawandels abwenden. Eine Nichteinhaltung des Abkommens hat laut Wissenschaft voraussichtlich schwerwiegende Konsequenzen für Umwelt und Menschheit.[19]

Beispiel 1: **Anstieg des Meeresspiegels**

Bei einer globalen Erwärmung von 2 °C bis zum Jahr 2100 wird ein zusätzlicher Meeresspiegelanstieg von etwa 10 cm im Vergleich zu einer Begrenzung auf 1,5 °C erwartet. Dies würde bedeuten, dass bis zu 10 Millionen mehr Menschen von Überschwemmungen und Küstenerosion betroffen wären. Neueste

Forschungen legen nahe, dass bis Ende des Jahrhunderts weltweit 630 Millionen Menschen unmittelbar vom Meeresspiegelanstieg betroffen sein könnten.

Beispiel 2: **Verlust der Biodiversität**

Bei 1,5 °C Erhitzung vom Artensterben betroffen:
6% der Insekten
8% der Pflanzen
4% der Wirbeltiere

Bei 2 °C Erhitzung vom Artensterben betroffen:
18% der Insekten
16% der Pflanzen
8% der Wirbeltiere

Schon jetzt werden die Lebensräume vieler Arten verbaut, zerstückelt und übernutzt. Die Klimakrise setzt die Artenvielfalt zusätzlich unter Druck. Vor allem wegen der rasanten Geschwindigkeit, mit der sich ihr Lebensraum wegen der Klimakrise verändert, gibt es für viele Tierarten keine Zeit/Möglichkeit, um sich entsprechend anzupassen. Sie sterben aus.

Das Verschwinden von Arten bringt unsere Lebensgrundlagen in Gefahr und verringert die Leistungen, die die Natur für uns Menschen bietet: wie etwa saubere Luft und Wasser oder die Bestäubung von Nahrungspflanzen. Ein Artensterben schadet also auch der Lebensqualität der Art ‚Mensch'.

Beispiel 3: **Kipppunkte**

Zusätzlich zu diesen Beispielen warnen Wissenschaftler vor dem Überschreiten sogenannter "Kipppunkte" im Klimasystem. Bei einer Erwärmung von mehr als 2 °C könnten kritische Elemente wie der grönländische und der westantarktische Eisschild destabilisiert werden, was zu einem unumkehrbaren Anstieg des Meeresspiegels und extremen Wetterereignissen führen würde.

Fazit: Es ist essenziell, die im Pariser Klimaabkommen festgelegten Ziele einzuhalten, wenn die genannten Folgen verhindert werden sollen. Das Klima sollte kein populistisches Thema zum nationalen Stimmen-Fang sein, sondern ein Anliegen von globalem Interesse. Besonders, wenn man bedenkt, dass es Kipppunkte gibt, bei deren Erreichen voraussichtlich ein irreversibler Schaden entstehen würde.

Migrationspolitik

„Immerhin haben wir jetzt so viele Ausländer im Land, dass sich ein Holocaust mal wieder lohnen würde.“[20]

- Marcel Grauf

Den Start macht hier ein menschenverachtendes Zitat von Marcel Grauf (Mitarbeiter von AfD-Abgeordneten). Spätestens danach sollte uns allen klar sein, warum es nötig ist, über Ein- und Auswanderung zu sprechen. In diesem Kapitel wird auf die drei am häufigsten genannten Behauptungen von Rechtspopulisten und Co. in Bezug auf Einwanderung eingegangen.

Slayer 1: Migranten sind teuer

„Heute leben sie von unserem Geld. Morgen nehmen sie uns das Land.“[21]

- Stefan Keuter

Behauptung: Ein typisch rechtspopulistisches Narrativ lautet: Migranten kosten den deutschen Steuerzahler Unsummen, belasten das Sozialsystem und tragen kaum zur Wirtschaft bei. Oft wird behauptet, dass

Asylbewerber und Migranten überproportional viele Sozialleistungen beziehen, während deutsche Arbeitnehmer langfristig für deren Unterhalt aufkommen müssten.

Es gibt viele Gründe für Migration, Flucht ist einer. Der Beweggrund für die Einwanderung ist entscheidend für den späteren Aufenthaltstitel. Manche Migranten sind Flüchtlinge/Asylanten, andere reisen als anerkannte Fachkräfte mit Arbeitsvertrag ein. Diesen Unterschied zu kennen und zu verstehen, ist wichtig.

Widerlegung: Viele Menschen fliehen vor Krieg, Verfolgung und anderen Menschenrechtsverletzungen. Das Asylrecht schützt diese Personen. **Beim Recht auf Asyl geht es also nicht um Wirtschaftlichkeit, sondern um den Schutz von Personen** und die Erbringung einer Hilfeleistung als Gesellschaft. Ebenso verhält es sich mit dem Flüchtlingsstatus oder subsidärem Schutz. Hier eine kleine Orientierungshilfe:

- **Flüchtlingsstatus**: Wird Personen gewährt, die individuell verfolgt werden (z. B. wegen Religion oder politischer Meinung).
- **Asylstatus**: Speziell für politisch Verfolgte nach Art. 16a Grundgesetz.
- **Subsidiärer Schutz**: Für Menschen, die zwar nicht individuell verfolgt werden, aber dennoch Gefahr für Leib und Leben befürchten müssen.

§ 3 Asylgesetz (AsylG) – Flüchtlingsschutz

(1) *Ein Ausländer ist Flüchtling im Sinne der Genfer Flüchtlingskonvention, wenn er wegen seiner Rasse, Religion, Nationalität, politischen Überzeugung oder Zugehörigkeit zu einer bestimmten sozialen Gruppe verfolgt wird.*

Dieses Gesetz definiert, wer als Flüchtling anerkannt wird. Es basiert auf der **Genfer Flüchtlingskonvention**, die internationales Recht ist.

Beispiel: Im Jahr 2023 wurden in Deutschland **insgesamt 351.915 Asylanträge** gestellt, darunter **329.120 Erstanträge** und 22.795 Folgeanträge. Das Bundesamt für Migration und Flüchtlinge (BAMF) entschied im selben Jahr über die Asylanträge von 261.601 Personen. Die **Gesamtschutzquote** – also der Anteil der Anträge, die zu einer Anerkennung als Flüchtling, subsidiärem Schutz oder einem Abschiebeverbot führten – lag dabei bei **51,7 %.**[22]

Dies bedeutet, dass von den 261.601 entschiedenen Fällen etwa **135.300 Personen** einen **Schutzstatus** erhielten. Es ist wichtig zu beachten, dass die Anzahl der gestellten Anträge und die Anzahl der Entscheidungen innerhalb eines Jahres variieren können, da nicht alle Anträge im selben Jahr bearbeitet werden, in dem sie gestellt wurden.

Die Gesamtschutzquote kann je nach Herkunftsland und Ausgangssituation der Antragsteller sehr unterschiedlich sein. Beispielsweise lag die

Anerkennungsquote für syrische Staatsangehörige im Jahr 2022 bei 90,3 %, weil die Lage in Syrien entsprechend bedrohlich war.[23]

Widerlegung: Weiterhin haben Untersuchungen gezeigt, dass Flüchtlinge durchaus bereit sind, sich zu integrieren und einen Beitrag zur Gesellschaft zu leisten. Die **Beschäftigungsquote** von **Zugewanderten** hat in Deutschland 2022 einen neuen **Höchststand** erreicht. Zuwanderer, die in Deutschland arbeiten dürfen, werden zunehmend besser in den Arbeitsmarkt integriert. Das geht aus dem aktuellen Migrationsbericht der Organisation für wirtschaftliche Zusammenarbeit und Entwicklung (**OECD**) hervor. Die Quote stieg demnach **im Jahr 2022 auf 69,8 %** an. Dies ist der höchste Wert seit Beginn der Aufzeichnungen Anfang der 2000er-Jahre. Bei im Inland Geborenen beträgt die Beschäftigungsquote laut OECD sogar 78,9 Prozent.[24]

Beispiel 1: **Wirtschaftliche Bedeutung von Migration**

Aktuelle Berechnungen des Deutschen Instituts für Wirtschaftsforschung **(DIW)** zeigen, dass **ohne Migration** die **Wachstumsrate** des wirtschaftlichen Potenzials Deutschlands von derzeit lediglich 0,4 Prozent rasch **auf null** sinken würde. Bereits seit 2023 wird der Aufbau der sozialversicherungspflichtigen Beschäftigung lediglich durch ausländische

Staatsangehörige getragen.[25] Das bedeutet: ohne Zuwanderung würde die Zahl der sozialversicherungspflichtig Beschäftigten sinken, während beispielsweise die Zahl der deutschen Rentner weiterhin steigt.

Platt gesagt: Ohne Migration hat Deutschlands Wirtschaft keine Zukunft.

Beispiel 2: **Integrationserfolge**

Berichte des Bundesamts für Migration und Flüchtlinge belegen, dass viele Asylbewerber erfolgreich in den Arbeitsmarkt integriert werden und somit zur Gesellschaft beitragen. Das Institut für Arbeitsmarkt- und Berufsforschung (**IAB**) hat festgestellt, dass die **Erwerbstätigenquote** von **Geflüchteten acht Jahre nach** ihrem **Zuzug** bei **68 %** liegt.[26]

Zwischen „guten“ und „schlechten“ Migrant:innen zu unterscheiden, schadet insbesondere der Integration massiv.

Slayer 2: Migranten sind gefährlich

> *„Mehr #Migration führt zu mehr #Kriminalität und #Gewalt. Die unkontrollierte #Masseneinwanderung aus #Afrika und dem arabischen Raum führt zum Kontrollverlust!“*[27]

Behauptung: Rechtspopulisten stellen oft einen Zusammenhang zwischen Migration und steigender Kriminalität her.

Widerlegung: Die allgemeine Zuschreibung von Kriminalität an Ausländer ist nicht nur falsch, es ist auch eine unethische Verallgemeinerung. Statistiken zeigen, dass die Mehrheit der in Deutschland lebenden Migrant:innen nicht straffällig wird. **Kriminelle Handlungen werden von Individuen begangen und können nicht auf ganze Bevölkerungsgruppen übertragen werden**.

Es ist ja auch nicht jede/r Deutsche alkoholabhängig, obwohl wir die selbsterkorene Nation des Bieres sind.

Beispiel: Eine Studie des **ifo** Instituts (veröffentlicht Februar 2025) untersucht die Polizeiliche Kriminalstatistik von 2018 bis 2023 auf Landkreisebene. Die Ergebnisse zeigen **keinen Zusammenhang** zwischen einem **steigenden Anteil von Ausländern**, einschließlich Schutzsuchender, und der lokalen **Kriminalitätsrate**. Dies heißt, dass eine höhere Anzahl von Migrant:innen nicht zu einem Anstieg der Kriminalität im Aufnahmeland führt.[28]

Widerlegung: Verallgemeinerungen fördern Vorurteile und spalten die Gesellschaft, anstatt konstruktive Lösungen für Sicherheitsprobleme zu bieten. Deshalb wird als nächstes etwas genauer auf die **Details** und **Hintergründe** der Behauptung, Migrant:innen seien gefährlich eingegangen.

Beispiel 1: **Allgemeiner Anstieg der registrierten Straftaten**

Für das Jahr 2023 wurden in Deutschland über **5,94 Millionen Straftaten** polizeilich erfasst, was einem Anstieg von **5,5 %** gegenüber dem Vorjahr entspricht. Besonders bemerkenswert ist dabei der **Anstieg** der **Gewaltkriminalität** um **8,6 %** auf **214.099 Fälle.**[29]

In die Kategorie Gewaltkriminalität fällt auch politisch motivierte Gewalt. Es ist wichtig zu betonen, dass diese Form der Gewalt nicht auf eine bestimmte Gruppe beschränkt ist. Interessant ist aber, dass bspw. rechtsextrem motivierte Straftaten in Deutschland alarmierenden Zuwachs haben.

Im Jahr 2024 (Stand Ende November) wurden **33.963 rechtsextreme Straftaten** registriert, was einen Anstieg von mindestens **17,3 %** im Vergleich zum Vorjahr darstellt. Darunter befinden sich **1.136 Gewaltdelikte.**[30] Das sind 1.136 Fälle, in denen Gewalt gegenüber anderen Menschen ausgeübt wurde, weil diese ‚zu fremdartig' waren.

Beispiel 2: **Kriminalitätsstatistiken im Kontext**

In der Kategorie **Straftaten insgesamt** wurden im **Jahr 2023** insgesamt 2.246.767 Tatverdächtige in der **PKS** erfasst. Damit ist die Anzahl gegenüber dem Vorjahr um 7,3 % angestiegen. 1.323.498 Tatverdächtige waren deutsche Staatsangehörige, 923.269 der Tatverdächtigen besaßen nicht die deutsche Staatsangehörigkeit. Unter den nichtdeutschen Tatverdächtigen waren 402.514 Zuwanderinnen und Zuwanderer.[31]

Das liest sich erschreckend, muss aber im **Kontext** betrachtet werden. Schauen wir uns die Zahlen genauer an:

Im Jahr 2023 führte die PKS rund **41,1 %** der Tatverdächtigen als nichtdeutsch. Zu dieser Summe zählen auch Personen mit vorübergehendem Aufenthalt in Deutschland (Touristen, Pendler usw.) oder auch Menschen mit einem zusätzlichen Wohnsitz im Ausland (z. B. Mitglieder krimineller Banden, die nur für Kurzaufenthalte die Grenzen überqueren, um Deals abzuschließen).

Um die Zahl der Tatverdächtigen näher an die praktische Realität heranzubringen, ist es deshalb sinnvoll, Verstöße gegen das Ausländerrecht abzuziehen, weil diese i. d. R. nur die Individuen selbst betreffen, die den Verstoß begehen. Dann liegt der Anteil nur noch bei **34 %**. Wenn jetzt noch tatverdächtige Nicht-Deutsche, die gar nicht in

Deutschland leben, abgezogen werden, liegt der Anteil schon nur noch bei **31 %.**[32] Es lohnt sich, genau hinzuschauen.

Beispiel 3: **Anzeigeverhalten und Wahrnehmung**

Studien haben außerdem gezeigt, dass ausländische Täter:innen eher angezeigt werden als deutsche. Je fremder ein Täter auf das Opfer wirkt, desto größer ist die Bereitschaft, ihn der Polizei zu melden.[33] Dies kann zu einer verzerrten Wahrnehmung und Darstellung in der Kriminalstatistik führen.

Ebenso problematisch ist die teilweise strukturell rassistische Herangehensweise der Polizei selbst. Bekanntestes Beispiel dafür ist **Racial Profiling bei Verkehrskontrollen.** Mehrere Untersuchungen – etwa von Menschenrechtsorganisationen wie Amnesty International – weisen darauf hin, dass Menschen mit Migrationshintergrund bei Verkehrskontrollen häufiger und ohne konkreten Verdacht angehalten werden.[34]

Beispiel 4: **Soziodemografische Faktoren**

Kriminalität oder die Tendenz, sich in kriminellen Umfeldern zu bewegen sind häufig auch durch soziodemografische Faktoren zu erklären. Viele Zuwanderer sind junge Männer im Alter von etwa 30 Jahren. Das ist eine **Altersgruppe**, die weltweit statistisch häufig Straftaten begeht. Bei frisch eingewanderten Asylsuchenden kommen unsichere **Zukunftsaussichten** und **soziale Isolation** hinzu, die das Risiko für kriminelles Verhalten erhöhen können. Auch eigene Gewalterfahrungen durch Krieg, Terrorismus und Flucht, sowie die Lebenssituation in Erstaufnahmeeinrichtungen und Ballungszentren können auffälliges Verhalten begünstigen.[35]

Fazit: Die Behauptung, dass Migranten die Sicherheit in Deutschland gefährden, greift zu kurz und berücksichtigt weder die Vielfalt innerhalb der Migrantengruppen noch die zugrundeliegenden soziodemografischen Faktoren. Eine differenzierte Analyse zeigt, dass die Mehrheit der Migranten nicht kriminell in Erscheinung tritt und dass statistische Auffälligkeiten nicht nur durch bestimmte Lebensumstände erklärbar sind, sondern auch durch strukturellen Rassismus begünstigt werden.

Nur, wenn man diese Umstände kennt, ist es möglich, konstruktive Lösungen für die Sicherheit in Deutschland zu finden – und zwar für alle Bürger:innen.

Slayer 3: Migrantenstopp

> *„Wir sollten folgendes tun: einen sofortigen Einwanderungs-, Aufnahme- und Einbürgerungsstopp für mindestens fünf Jahre!“*[36]
>
> \- Alice Weidel

Behauptung: Deutschland würde es besser gehen, wenn es keine weitere Einwanderung gäbe.

Die AfD fordert in ihrem Programm die Einführung umfassender Grenzkontrollen an den deutschen Außengrenzen, um (illegale) Einwanderung zu unterbinden. Dadurch sollen insbesondere Personen ohne gültige Einreisedokumente oder Aufenthaltsstatus an der Einreise gehindert werden. Bezüglich des Asylrechts vertritt die AfD die Position, dass Asylanträge grundsätzlich außerhalb Deutschlands gestellt werden sollen.[37] An gültige Einreisedokumente zu kommen, würde dadurch zusätzlich erschwert werden. In der Praxis bedeutet das, dass Personen, die ohne vorherigen Asylantrag an der Grenze erscheinen, abgewiesen werden sollen.

Widerlegung: Eine Verlagerung der Asylantragsstellung in Drittstaaten bringt jede Menge praktische Probleme mit sich. Wie soll bitte jemand mitten im Gefecht eines Bürgerkriegs online einen Asylantrag stellen? Wer schon einmal Bilder einer zerstörten Stadt im Kriegsgebiet gesehen hat, kann sich vorstellen wie schwierig es mit Stromversorgung und Internetverbindung werden kann.

Deshalb schlägt die AfD vor, dass Asylverfahren in "Schutzzonen" außerhalb Europas abgewickelt werden. Das Problem: **Kein Drittstaat hat Interesse oder die Möglichkeiten, solche sicheren Lager für Deutschland zu betreiben**. Zudem bräuchten solche Schutzzonen rechtliche und sicherheitspolitische Strukturen, die aktuell gar nicht existieren.

Durch solche zusätzlichen Hürden würden sich humanitäre Krisen weiter verschärfen. Nur zur Erinnerung: Durch solche Vorhaben werden Menschenleben wohlwissentlich gefährdet und riskiert.

Widerlegung: Empirische Studien zeigen, dass **strikte Grenzschließungen** nicht zu einer Reduzierung illegaler Migration führen. Vielmehr können sie dazu beitragen, dass Migranten **gefährlichere Routen** wählen oder versuchen andere (illegale) Wege zu finden.[38] Geschlossene Grenzen **erschweren** außerdem die **Rückführung** abgelehnter Asylbewerber, da Rücknahmeabkommen mit Herkunftsländern häufig auf doppelseitigen

Beziehungen beruhen, die durch einseitige Grenzschließungen belastet werden können.

Widerlegung: Deutschland hat in der Vergangenheit bereits erfolgreich große Flüchtlingsbewegungen bewältigt. Und obwohl das Ganze mit vielen Anstrengungen verbunden war, gibt es keinen Grund anzunehmen, dass dies nicht weiterhin gelingen wird. Maßgeblich für den Integrationserfolg ist nämlich, welche Rahmenbedingungen geschaffen werden.

Beispiel: Aktuelle Daten zeigen, dass im Jahr **2022 über 14 Millionen Migranten** in Deutschland lebten, was etwa **17%** der **Gesamtbevölkerung** entspricht. Trotz dieser Zahl verzeichnete Deutschland eine Rekord-**Erwerbstätigenquote von 70% unter Migranten**[39], was höher ist als in den meisten EU-Ländern. Dies deutet darauf hin, dass Integration und wirtschaftliche Teilhabe weitgehend erfolgreich sind.

Fazit: Statt voreiliger Grenzschließungen und erschwerter Asylverfahren wäre eine durchdachte, faktenbasierte Migrationspolitik für alle Beteiligten sinnvoller. Die Forderungen der AfD sind praktisch nicht umsetzbar, da sie gegen bestehendes nationales und internationales Recht verstoßen und mit erheblichen logistischen, politischen und finanziellen Herausforderungen verbunden wären.

Slayer 4: Remigration

> *„Wir werden Ausländer in ihre Heimat zurückführen. Millionenfach. Das ist kein Geheimplan. Das ist ein Versprechen.“*[40]
>
> - René Springer

Der Begriff "Remigration" wird von der AfD und anderen rechtsextremen Gruppierungen verwendet, um die Rückführung bestimmter Migrantengruppen in ihre Herkunftsländer (oder in irgendein anderes Land als Deutschland) zu fordern. Dabei gibt es unterschiedliche Interpretationen darüber, wer von diesen Maßnahmen betroffen sein soll.

Position der AfD:

Offiziell betont die AfD, dass sie keine Pläne zur Abschiebung von deutschen Staatsbürgern aus Zuwandererfamilien verfolgt. Der Bundesvorstand der Partei erklärte, dass sich ihre Remigrationsforderungen nicht auf Personen mit deutscher Staatsangehörigkeit beziehen.[41]

Extremistische Positionen:

Allerdings zeigen Recherchen des gemeinnützigen Recherchezentrums CORRECTIV, dass es innerhalb der

Partei und in rechtsextremen Kreisen Bestrebungen gibt, auch weitergehende Maßnahmen zu diskutieren. Bei einem geheimen Treffen im November 2023 in Potsdam besprachen hochrangige AfD-Politiker, Rechtsextreme und Unternehmer Pläne zur Vertreibung von Millionen Menschen aus Deutschland. Dabei wurden Ideen präsentiert, die nicht nur Asylsuchende und Personen ohne Aufenthaltsstatus, sondern auch „nicht assimilierte" deutsche Staatsbürger mit Migrationshintergrund betreffen könnten.[42]

Widerlegung: Die Forderung nach Remigration zielt auf die Rückführung von Migranten in ihre Herkunftsländer ab. Aus humanitärer Sicht **widerspricht** dies den **Grundwerten** von Mitgefühl und Solidarität. Menschen fliehen vor Krieg, Verfolgung und existenzieller Not. Ihnen Schutz zu gewähren, ist ein Ausdruck von **Menschlichkeit** und entspricht internationalen Verpflichtungen, wie sie in der **Genfer Flüchtlingskonvention**[43] festgelegt sind.

Beispiel 1: Ukraine-Krieg

Am Beispiel dieses Krieges sollen in Kürze die Massenbewegungen von Flüchtlingsströmen gezeigt werden. Vergessen werden sollte dabei nicht, dass hinter all diesen Zahlen Menschenleben und Schicksale stecken.

Seit Februar 2022 haben rund 46,2 Millionen Flüchtlinge die Grenze aus der Ukraine zu einem der

Nachbarländer überquert. Zusätzlich haben rund 40,3 Millionen Menschen die Grenze (zurück) in die Ukraine überquert.[44] Insgesamt sind aktuell rund **6,3 Millionen Flüchtlinge aus der Ukraine in ganz Europa registriert.** Unter den EU-Staaten haben Polen und Deutschland die meisten Flüchtlinge aufgenommen. Gemessen an der Größe der eigenen Bevölkerung haben Tschechien und Estland die meisten

Menschen aufgenommen, Tschechien dabei rund 3,4 Prozent der eigenen Bevölkerung. Rund **1,24** Millionen ukrainische Flüchtlinge sind im Januar 2025 **in Deutschland** registriert.[45] **40 %** der seit 2022 aus der Ukraine Eingewanderten sind **Alleinerziehende** und deren **Kinder**.[46]

Widerlegung: Häufig begegnet man dem Argument, die AfD fordere lediglich die Umsetzung bestehender Gesetze. Es stimmt, die Abschiebung von ausreisepflichtigen Migrant:innen ist nicht gesetzwidrig. Abschiebung ist aber trotzdem nicht dasselbe wie Remigration. Die AfD zielt mit populistischen Aktionen auf Einschüchterung und Stigmatisierung ab. Insbesondere bei Menschen mit Migrationshintergrund.

Beispiel: Das Verteilen von Fake-Flugtickets,[47] den sogenannten Abschiebetickets, gekennzeichnet mit „Abfluggate AfD“ und „Passagier: Illegaler Einwanderer“ ist keine bloße Forderung nach Rechtsdurchsetzung. Es ist eine symbolische

Maßnahme, die Angst und Unsicherheit schürt. Auch Personen mit geduldetem oder anerkanntem Aufenthaltsstatus könnten sich von einem solchen Flugblatt im Briefkasten bedroht fühlen, obwohl sie sich legal in Deutschland aufhalten.

Widerlegung: Der Begriff Remigration ist außerdem problematisch, weil er von Rechten verwendet wird, um fremdenfeindliche und rassistische Ideologien zu verschleiern. „Remigration jetzt!“ klingt seriöser als „Ausländer raus!“, bedeutet aber genau dasselbe.

Als Personen mit Migrationsgeschichte gelten alle, die selbst oder deren mindestens ein Elternteil ohne deutsche Staatsangehörigkeit geboren wurde. Dabei tragen Einwanderer wesentlich zur kulturellen Vielfalt und wirtschaftlichen Stärke Deutschlands bei.

Beispiel 1: Laut des **Migrationsberichts 2023** des **Bundesamts für Migration und Flüchtlinge (BAMF)** hatten im Jahr 2023 **29,7 %** der Bevölkerung in Deutschland einen Migrationshintergrund. Dies entspricht etwa **24,9 Millionen Menschen**.[48] Zusätzlich zeigt der Bericht, dass fast die Hälfte der Menschen mit Migrationshintergrund eine deutsche Staatsangehörigkeit besitzen und fast zwei Drittel von ihnen selbst nach Deutschland zugewandert sind.

Beispiel 2: Eine Studie des **Instituts der deutschen Wirtschaft** aus dem Jahr 2020 zeigt, dass Migranten in

Deutschland einen positiven Beitrag zum **Arbeitsmarkt** leisten und in vielen Branchen unverzichtbar sind. Laut des Instituts der deutschen Wirtschaft **(IW Köln, 2024)** würden **bis 2035** etwa **500.000 Pflegekräfte** fehlen, wenn die Zuwanderung ausbleibt.[49]

Fazit: Die Aufnahme von Flüchtlingen ist nicht nur eine rechtliche Verpflichtung, sondern vor allem ein Akt der Menschlichkeit. Die Forderung nach Remigration ignoriert die individuellen Schicksale und die Verantwortung, die sich aus internationalen Einsätzen und globaler Solidarität ergibt. Völlig egal, ob es sich dabei um Menschen aus der Ukraine oder aus Eritrea handelt.

Die kulturelle Vielfalt sowie der wirtschaftliche und demografische Beitrag von Einwanderern ist in Deutschland unerlässlich und hat die Gesellschaft zu der werden lassen, die sie 2025 darstellt.

Kulturgut

Slayer 1: Gender-Wahn/Identitätsverlust

„Sie nehmen uns unsere Tradition. Sie verunstalten unsere Sprache und sie verbieten schon Kindern das Indianerkostüm. Sie verändern durch Massenmigration und Regenbogenpropaganda dieses Land (...)."[50]

- Sebastian Münzenmaier

Behauptung: Gender-Wahn zerstört die Familie und andere traditionelle Werte

Rechtspopulisten lehnen Gender Mainstreaming ab und setzt sich für traditionelle Geschlechterrollen ein. Sie kritisiert die Förderung von Projekten, die ihrer Meinung nach zu einer Aufweichung der deutschen Kultur führen könnten. Daher lehnt die AfD Gleichstellungsmaßnahmen ab.

Widerlegung: Gender Mainstreaming bedeutet, bei allen gesellschaftlichen Vorhaben die unterschiedlichen Lebenssituationen und Interessen aller Geschlechter von vornherein zu berücksichtigen. Das Ziel ist es, die Gleichstellung von Frauen und Männern verwirklichen zu können.[51]

Auch die Anerkennung von verschiedenen Geschlechtsidentitäten und sexuellen Orientierungen fördert eine **inklusive Gesellschaft, in der jeder Mensch respektiert wird.**

Beispiel 1: Gender Mainstreaming fördert die Einführung flexibler Arbeitszeitmodelle, die es sowohl Männern als auch Frauen ermöglichen, Beruf und Familie besser zu vereinbaren. Eine Studie des Bundesministeriums für Familie, Senioren, Frauen und Jugend (BMFSFJ) hebt hervor, dass solche Maßnahmen die Zufriedenheit der Mitarbeitenden steigern. Dies führt zu einer **verbesserten Work-Life-Balance** und unterstützt die familiäre Struktur.[52]

Beispiel 2: **Vielfalt steigert den wirtschaftlichen Erfolg.** Unternehmen mit mehr Frauen in Führungspositionen haben weltweit eine um 39% höhere Wahrscheinlichkeit, überdurchschnittlich profitabel zu sein. In Europa ist der Diversitäts-Bonus mit einer um 62% erhöhten Wahrscheinlichkeit sogar noch deutlich stärker ausgeprägt. Einfacher ausgedrückt: je bunter und diverser ein Unternehmen geführt wird, umso mehr verdient es. Zumindest geht das aus der Studie *Diversity Matters even more* hervor, für die Daten von mehr als 1.200 Unternehmen in 23 Ländern analysiert wurden.[53]

Beispiel 3: Studien zeigen, dass **Kinder in gleichgeschlechtlichen Partnerschaften genauso glücklich** und gesund aufwachsen wie in traditionellen Familienstrukturen. Eine Untersuchung der **American**

Psychological Association (APA) bestätigt, dass es keine Unterschiede in der emotionalen Entwicklung von Kindern in gleichgeschlechtlichen und heterosexuellen Familien gibt.[54]

Fazit: Gender Mainstreaming zielt darauf ab, die Gleichstellung der Geschlechter in allen gesellschaftlichen Bereichen zu fördern und Diskriminierung abzubauen. Die Ablehnung solcher Maßnahmen ignoriert bestehende Ungleichheiten und behindert den Fortschritt hin zu einer gerechten Gesellschaft. Studien zeigen, dass Länder mit hoher Geschlechtergerechtigkeit wirtschaftlich erfolgreicher und sozial stabiler sind. Die Förderung von Vielfalt, einschließlich der Anerkennung unterschiedlicher Geschlechteridentitäten, trägt zu einem innovativen und kreativen gesellschaftlichen Klima bei, was langfristig positive Effekte auf Wirtschaft und Kultur hat.

Slayer 2: Bevölkerungsaustausch /Kulturverlust

> *„Sie wollen uns die Heimat kaputt machen. Sie wollen uns die Schweinshaxe, die Bratwurst, das Schnitzel verbieten! Und ich kann euch sagen, ich lasse mir nicht mein Schnitzel wegnehmen.“*[55]
>
> - Alice Weidel

Behauptung: Rechtsextreme behaupten oft, es fände ein Bevölkerungsaustausch[56] in Deutschland statt. Besondere Angst herrscht vor einer Islamisierung/Afrikanisierung des Abendlandes.

Es geht um eine angebliche Übernahme westlicher Gesellschaften durch fremde Kulturen oder Religionen, insbesondere des Islam. Diese populistische Aussage schürt Ängste vor einer Veränderung der kulturellen deutschen Identität. Sie vereinfacht hochkomplexe gesellschaftliche Themen und fördert Feindseligkeiten gegenüber bestimmten Ethnien oder Bevölkerungsgruppen innerhalb einer Gesellschaft.

Widerlegung: Religiöse Vielfalt und Toleranz

Artikel 4 des **Grundgesetzes** garantiert in Deutschland die **Freiheit des Glaubens**, des Gewissens und die Freiheit des religiösen und weltanschaulichen Bekenntnisses. Diese Rechte sind unverletzlich.

Außerdem soll das **Allgemeine Gleichbehandlungsgesetz (AGG)** Menschen vor Diskriminierung aufgrund ihrer Religion oder Weltanschauung sowohl im Arbeitsleben als auch im Alltag schützen.

Durch diese Freiheit hat sich in Deutschland eine vielfältige religiöse Landschaft entwickelt. Hier einige aktuelle Zahlen zur Vielfalt und Religionsfreiheit in Deutschland:

- **Christliche Konfessionen**: Im Jahr 2023 war die römisch-katholische Kirche mit ca. 20,4 Mio. Mitgliedern die größte Religionsgemeinschaft. Dahinter folgten die evangelischen Landeskirchen mit 18,6 Mio. Mitgliedern.[57]
- **Konfessionslos**: Je nach Datenquelle, zwischen 44 und 46 Prozent der Bevölkerung war im Jahr 2023 konfessionslos. Die Zahl scheint seit 1970 stetig zu steigen.[58]

- **Vielfalt**: Neben den christlichen Kirchen und dem Islam gibt es in Deutschland zahlreiche weitere religiöse Gemeinschaften, z. B. Hindus, Buddhisten und jüdische Gemeinden.

Es gibt zahlreiche Initiativen und Organisationen, die den interreligiösen Dialog fördern, um das Verständnis und die Zusammenarbeit zwischen verschiedenen Religionsgemeinschaften zu stärken.

Widerlegung: Die Behauptung einer drohenden Islamisierung entbehrt einer faktischen Grundlage. Das deutsche Grundgesetz garantiert Religionsfreiheit und **Muslime** machen fast **7%** der deutschen Bevölkerung aus. Laut der Studie *Muslimisches Leben in Deutschland 2020* des **Bundesamts für Migration und Flüchtlinge (BAMF**) leben zwischen 5,3 und 5,6 Millionen Muslime in Deutschland, was etwa 6,4 bis 6,7 Prozent der Gesamtbevölkerung entspricht.[59]

Beispiel 1: Dieselbe Studie des BAMF zeigt, dass viele **Muslime** in Deutschland **gut integriert** sind und aktiv am gesellschaftlichen Leben teilnehmen. **65%** der muslimischen Befragten gaben an, **Personen ohne Migrationshintergrund** im **Freundeskreis** zu haben. Hinzu kommen Kontakte zu Personen ohne Migrationshintergrund in der Familie, in der Nachbarschaft oder am Arbeitsplatz.

Beispiel 2: Dieselbe Studie zeigt weiterhin, dass von den in Deutschland geborenen Muslimen 58 % über einen Berufsabschluss verfügen und dass sich weitere 21 % noch in Ausbildung befinden. Diese Entwicklung deutet auf einen **Bildungsaufstieg** im bestehenden System hin, nicht auf die religiöse Übernahme durch eine Minderheit.

Auch eine Studie der **Bertelsmann Stiftung** aus dem Jahr 2017 bestätigt:[60] Die Integration von Muslimen in den deutschen Arbeitsmarkt macht Fortschritte.[61] Der Anteil, der in Deutschland geborenen muslimischen Kinder, die Deutsch als erste Sprache sprechen, wächst kontinuierlich.

Fazit: Die Angst vor einer "Islamisierung" oder sonstigen geplanten kulturellen oder religiösen Übernahme Deutschlands ist unbegründet. Muslime stellen eine Minderheit der Bevölkerung dar und sind integraler Bestandteil der vielfältigen deutschen Gesellschaft. Durch Bildung, Arbeit und soziales Engagement tragen sie zum gesellschaftlichen Zusammenhalt bei.

Immerhin kam im Zuge des deutsch-türkischen Anwerbeabkommens die erste große Welle von Arbeitsmigrant:innen aus der Türkei schon im Jahr 1961 nach Deutschland. In den letzten 60 Jahren ist die befürchtete Islamisierung ausgeblieben. Es gibt also allen Grund zur Annahme, dass dies auch weiterhin so bleiben wird.

Destabilisierung der Demokratie

„Die größte Bedrohung für unsere demokratische Grundordnung ist der Rechtsextremismus.“[62]

- Nancy Faeser

Die Zahl deutscher Rechtsextremisten wird vom Verfassungsschutz (im Jahr 2023) auf etwa 40.600 geschätzt. Davon werden 14.500 Personen als gewaltorientiert bezeichnet.[63]

Die teilweise rechtsextremen Mitglieder der AfD scheinen langfristig ein System anzustreben, das Demokratie nur noch als Fassade nutzt, während auf lange Sicht eine autoritäre, völkisch-nationalistische Herrschaft etabliert werden soll. Die Schwächung der Demokratie ist dabei ein Mittel zum Zweck, um den Umbau der Gesellschaft ohne Widerstand (und bestmöglich sogar mit Zustimmung aus der Bevölkerung) durchsetzen zu können.

Im folgenden Kapitel stehen daher Beobachtungen im Vordergrund, die rechtsradikale Absichten verdeutlichen.

Slayer 1: Behauptungen über Wahlbetrug

Nach Wahlen, bei denen die AfD schlechter abschnitt als erwartet, äußerten Vertreter der Partei wiederholt unbelegte Behauptungen über Wahlbetrug.

> *Erhebliche Fälle von Wahlbetrug sind so gut wie jedes Wahljahr traurige Wahrheit*[64]
>
> – AfD Leipzig

Auch vor der Bundestagswahl 2025 kursierten mehrere falsche Videos in den Sozialen Medien. Sie zeigen angeblichen Wahlbetrug, durch den die AfD bei der Wahl benachteiligt wird. Solche Fake Videos können nicht nur die AfD als Opfer von Wahlmanipulation darstellen. Sie sind auch geeignet, die Glaubwürdigkeit der demokratischen Wahlen komplett zu untergraben.[65]

Widerlegung: Es gibt keine Beweise für systematischen Wahlbetrug in Deutschland. Solche Behauptungen untergraben das Vertrauen in demokratische Prozesse und sind gefährlich für die politische Stimmung im Land.

Beispiel 1: Nach der **Bundestagswahl 2017** wurden Vorwürfe des Wahlbetrugs untersucht, jedoch fanden die **Wahlprüfungsausschüsse keine Hinweise auf systematischen Betrug.**[66]

Beispiel 2: Die Organisation für Sicherheit und Zusammenarbeit in Europa **(OSZE)** entsandte zur Bundestagswahl 2021 Wahlbeobachter:innen, um die Transparenz und Fairness des Wahlprozesses in Deutschland zu bewerten. Ziel dieser Missionen ist es sicherzustellen, dass Wahlen frei und fair ablaufen. Bei festgestellten Mängeln werden diese öffentlich benannt. Obwohl die OSZE in ihren Berichten oft Empfehlungen zur Verbesserung bestimmter Aspekte des Wahlprozesses gibt, **bestätigte** sie insgesamt die **Transparenz** und **Fairness** der **Bundestagswahl 2021**.

Slayer 2: Der Fall des Woken Imperiums/Sturz der modernen Gesellschaft

> *„Wir brauchen mal ein paar Jahre einen totalitären Staat alter Prägung, um mit dem Gesocks aufzuräumen und die letzten 10 Jahre Gesetzgebung zu kassieren.“*[67]
>
> - Holger Stienen

Die AfD unterhält nachweislich Verbindungen zu rechtsextremen Netzwerken, was die Sorge um eine geplante Destabilisierung der demokratischen Ordnung in Deutschland verstärkt.

***Beispiel 1*: Beschäftigung von Rechtsextremen im Bundestag und in Landesparlamenten**

Recherchen des Bayerischen Rundfunks haben ergeben, dass die AfD im Bundestag über 100 Personen mit rechtsextremem Hintergrund beschäftigt. Darunter befinden sich Neonazis und Mitglieder der Identitären Bewegung, die als verfassungsfeindlich eingestuft wird. Diese Personen haben durch ihre Tätigkeit für die AfD Zugang zu parlamentarischen Ressourcen und Einflussmöglichkeiten.[68]

Auch auf Landesebene beschäftigt die AfD immer wieder Personen mit rechtsextremem Hintergrund. Ein Beispiel ist Daniel Fiß, Mitbegründer der Identitären Bewegung[69] Deutschland, der als persönlicher Referent des AfD-Fraktionschefs in Mecklenburg-Vorpommern, Nikolaus Kramer, tätig ist.

***Beispiel 2*: Internationale Vernetzung**

Rechtsgelagerte und rechtsextreme Parteien in Europa suchen die enge Zusammenarbeit. So trafen sich die Parteivorsitzenden der AfD mit dem ungarischen Ministerpräsidenten Viktor Orbán, der die Partei unterstützt. Solche internationalen Allianzen fördern den Austausch rechtsextremer Ideologien über nationale Grenzen hinweg. Diese Verbindungen und Aktivitäten der AfD verdeutlichen die enge Verzahnung mit rechtsextremen Netzwerken und unterstreichen die potenzielle Gefahr für die demokratische Ordnung in Deutschland.

Und auch, wenn Frankreichs Rechte die AfD zu radikal findet und deshalb weitere Zusammenarbeit ausschließt[70], so findet die Partei doch mindestens einen mächtigen Verbündeten in den USA. Kurz vor der Bundestagswahl 2025 hat sich der rechtsgelagerte US-amerikanische Akteur Elon Musk eindeutig für die AfD positioniert, indem er die Partei als einzige auf seiner Social-Media-Plattform X bewarb.[71] Im Februar 2025 traf US-Vizepräsident JD Vance in München auf Alice Weidel, wobei Themen wie der Ukraine-Konflikt und deutsche Innenpolitik besprochen wurden. Er bekundete seine Sympathie gegenüber der Partei.[72]

Slayer 3: Vorbereitungen auf Tag X

In rechtsextremen Kreisen steht "Tag X" für einen angenommenen zukünftigen Tag des Umsturzes, an dem die bestehende demokratische Ordnung zusammenbricht oder gestürzt wird. Extremistische

Gruppen bereiten sich auf diesen Tag vor, indem sie sich bewaffnen, Netzwerke bilden und Fluchtpläne entwickeln.

Beispiel 1: Ein sehr bekanntes Beispiel ist die **Nordkreuz-Gruppe**. Ein rechtsextremes Netzwerk in Deutschland, das sich auf einen möglichen "Tag X" vorbereitete – einen Tag, an dem die staatliche Ordnung zusammenbrechen würde. Die Gruppe bestand vor allem aus ehemaligen und aktiven Bundeswehrsoldaten, Polizisten und anderen Personen mit militärischer oder sicherheitsbezogener Ausbildung. Die Ermittlungen gegen die Nordkreuz-Gruppe zeigten, dass die **Gefahr** von **rechtsextremen Netzwerken** (auch) in den Sicherheitsbehörden **größer** war **als lange angenommen.**[73]

Beispiel 2: Auch in der **Reichsbürger-Szene** gibt es Vorstellungen eines "Tag X", an dem die BRD angeblich zusammenbrechen soll (oder sowieso überhaupt nicht existiert) und eine neue Regierung (nach ihrer Vorstellung) die Macht übernimmt. Im Jahr 2024 umfasst die Szene der sogenannten Reichsbürger und Selbstverwalter laut Verfassungsschutzbericht etwa 25.000 Personen.[74]

Der vereitelte **Putschversuch** (Ende **2022**) um Heinrich XIII. Prinz Reuß hatte Ähnlichkeiten mit dem Versuch solche Umsturz-Fantasien durchzusetzen.

Beispiel 3: Zuletzt ein Zitat der (absurden) Vorstellungen des AfD Politikers **Björn Höcke**. Es ist leider wichtig, sich vor Augen zu führen, **wie sich Rechtsextreme einen gesellschaftlichen Wandel vorstellen**.

> *„Neben dem Schutz unserer Grenzen, wird ein groß angelegtes Remigrationsprojekt notwendig. (...) Und bei dem wird man, so fürchte ich, um eine Politik der wohltemperierten Grausamkeit nicht herumkommen. (...) Das heißt, dass sich menschliche Härten und unschöne Szenen nicht immer vermeiden lassen ... (dass) am Ende noch genügend Angehörige unseres Volkes vorhanden sein werden, mit denen wir ein neues Kapitel unserer Geschichte aufschlagen können (...) Auch wenn wir leider ein paar Volksteile verlieren werden, die zu schwach oder nicht willens sind, sich der fortschreitenden Afrikanisierung, Orientalisierung und Islamisierung zu widersetzen.“*[75]

Dieser grässliche geistige Auswurf bleibt bis auf weiteres unkommentiert. Er spricht für (bzw. gegen) sich selbst.

Zukunftsvisionen

Wenn das Hufeisen zum Boomerang wird

Viele Leute mögen es nicht, darauf hingewiesen zu werden, dass ihre Aussagen problematisch weit rechts angesiedelt sind. Das Gegenargument lautet dann oft: „Ist doch egal, solange die Fakten stimmen, sehe ich da kein Problem. Rechte haben auch bloß eine Meinung, genau wie Linke."

Meistens stimmen die Fakten aber nicht, sind unvollständig oder wurden so stark verzerrt, dass man sie im rechten Kontext kaum noch erkennt. Deshalb ist es wichtig zu verstehen, dass es einen gravierenden Unterschied macht, von welcher Seite des Hufeisens die Meinungsmache kommt. Hä, Hufeisen? Ja, ein Hufeisen.

Für alle, die noch nie von dieser Metapher für das politische Spektrum gehört haben, lohnt sich ein kurzer Blick auf die Hufeisentheorie. Sie ist veraltet und bereits widerlegt, aber trotzdem relevant, weil sie immer noch genutzt wird, um **linke und rechte Extreme gleichzusetzen**. Diese Gleichsetzung verharmlost allerdings die Bedrohung, die rechte Gesinnung für demokratische Gesellschaften darstellt.

Beispiel: Extremismustheorie aka. Hufeisentheorie

Bei dieser Theorie stellt man sich vor, dass die beiden Enden eines Hufeisens für die politischen Richtungen links (z. B. Kommunismus, extreme Linke) und rechts (z. B. Rechtsextremismus, Faschismus) stehen. Die **Hufeisentheorie** geht davon aus, dass extreme Linke und extreme Rechte sich **ähnlicher sind, als viele denken** – aber Fachleute bezweifeln, dass das wirklich stimmt.[76]

Warum? Weil linke und rechte Ideologien große Unterschiede haben (z. B. im Menschenbild oder in der Wirtschaftspolitik). Der Hufeisen-Theorie wird deswegen vorgeworfen, dass sie zu simpel ist und Extreme gleichsetzt, die praktisch umgesetzt sehr unterschiedliche Konsequenzen für die Gesellschaft hätten.

Manchmal wird die Theorie auch genutzt, um **linke Bewegungen zu diskreditieren**. Frei nach der Logik: Wenn man der AfD nicht zustimmen darf, bloß weil sie rechts ist, dann darf man der Linken auch nicht zustimmen, weil sie links ist. Bei diesem Vergleich wird aber die **Gewaltbereitschaft rechtsextremer** Gruppen **gegen Minderheiten** oder **politische Gegner** außenvor gelassen. Ebenso wie der Hang rechter Ideologien die **Zersetzung** der **demokratischen Gesellschaft** voranzutreiben.[77]

Linksextremismus und Rechtsextremismus haben nicht dieselben Auswirkungen. Wer daran zweifelt, sollte sich unbedingt die Statistik von Straf- und Gewalttaten im Bereich Hasskriminalität 2022 und 2023[78] zu Gemüte führen. Als kleiner Appetizer: die Zahlen politisch motivierter Kriminalität in der Kategorie ‚Hasskriminalität gesamt' von rechts (12.006) vs. links (183).

Wenn wir uns der verkrusteten Idee des Hufeisens nun entledigen, es sozusagen wegwerfen, müssen wir trotzdem aufpassen, dass es nicht wie ein Bumerang zurückkommt und uns in einem unachtsamen Moment umknüppelt. Wäre nicht das erste Mal, dass sich die Geschichte ungefragt wiederholt.

Es ist also Vorsicht angesagt; Die Gefahr droht vor allem von rechts.

Wie sieht die Bedrohung aus?

Das angestrebte Endziel ist zwar nicht explizit formuliert, lässt sich aber aus den Aussagen diverser Politiker:innen und den Statements rechtsextremer Netzwerke erahnen. Wahrscheinlich wird eine **illiberale Demokratie** oder eine **autoritäre Herrschaft angestrebt**. Orientiert bspw. an den Vorbildern von Orbáns Regierung in Ungarn oder Putins Führung in Russland.

Das könnte dann in etwa so aussehen:

- Abschaffung oder starke Einschränkung demokratischer Wahlen
- Zensur und staatliche Kontrolle der Medien
- Repressive Maßnahmen gegen politische Gegner, NGOs und kritische Journalisten
- Angriff auf sozial-demokratische Grundwerte, durch Normalisierung radikal rechter Positionen
- Massive Einschränkungen für Migranten und Andersdenkende
- eine „einheitliche Volksgemeinschaft“ nach völkischen Vorstellungen
- Stärkere Orientierung an autoritären internationalen Partnern statt an der EU

Stupide Parolen und Slayer

1. "Ausländer raus."

Slayer 1: Nazis raus.

Slayer 2: Ohne Migration fehlen bald Handwerker, Pflegekräfte und andere Facharbeiter. Ist die Deutsche Bahn nicht jetzt schon unpünktlich genug?

2. "Wir sind das Volk."

Slayer 1: Ihr seid *ein* Teil des Volkes – aber eben nicht *das* Volk. Demokratie heißt Vielfalt, nicht Monopol.

Slayer 2: Wenn 80% der Deutschen euch nicht wählen, seid ihr wohl eher "eine laute Minderheit".

3. "Lügenpresse."

Slayer 1: Wenn du zu viele Lügen in den Medien entdeckst, solltest du wahrscheinlich deine Social-Media-Bubble wechseln und aus dem rechtsextremen rabbit-hole auftauchen, in das du dich verirrt hast.

Slayer 2: Wenn die Presse lügt, warum zitieren Populisten sie dann gerne, wenn es in ihre Agenda passt?

4. "Deutschland den Deutschen."

Slayer 1: Dann gilt wohl ab sofort: *"Kartoffelbrei den Kartoffeln"*. Ups, falsch. Nicht mal Kartoffeln kommen ursprünglich aus Deutschland. Ohne ausländische Einflüsse könnt ihr euch auch von Kaffee, Schokolade und Autos verabschieden.

Slayer 2: Was ist dann eigentlich mit den im Ausland lebenden Deutschen? Sollten die deutschen Migranten nach Deutschland remigriert werden, damit das System nicht komplett zusammenbricht, wenn nur noch bio-deutsche Bürger*innen in Deutschland leben dürfen oder sind diese Rückkehrer nicht mehr „deutsch“ genug?

5. "Islamisierung des Abendlandes."

Slayer 1: Nach über 60 Jahren der (gewollten) Invasion von muslimischen Migranten, fühlt sich die Angst vor einer Islamisierung Deutschlands etwa so real an, wie die Angst davor, im Wald von einem T-Rex gefressen zu werden.

Slayer 2: Wer mehr Angst vor Minaretten als vor Fachkräftemangel hat, sollte mal seine Prioritäten überdenken.

6. "Klimawandel ist ein Schwindel."

Slayer 1: Wenn der Klimawandel eine Lüge ist, worüber regt sich dann eigentlich die ganze Welt auf?

Slayer 2: Statt bei jedem Hochwasser wie kleine Kinder schmollend zu behaupten: „Das ist aber nicht unsere Schuld!“, sollte man sich besser um den Bau einer Hochwasser-Schutz-Vorrichtung kümmern. Das Wasser ist da; egal, ob du verstehst, woher es kommt oder nicht.

7. "Gender-Wahn zerstört die Familie."

Slayer 1: Deine Identität bleibt intakt, auch wenn dein Nachbar sich mit einem anderen Pronomen vorstellt.
Slayer 2: Wenn eine Regenbogenflagge deine traditionellen Werte zerstört, waren sie vorher schon am Bröckeln.

8. "Oma muss Pfandflaschen sammeln und Ali lebt in Saus und Braus."

Slayer 1: Das Problem der Altersarmut in Deutschland liegt nicht an Migration, sondern an den politischen Entscheidungen der letzten Jahrzehnte – Altersarmut, hohe Mieten und unfaire Löhne sind hausgemachte Probleme.

Slayer 2: Klar, Ali lebt in Saus und Braus – in einer überfüllten Flüchtlingsunterkunft mit sechs anderen auf zehn Quadratmetern. Luxus pur!

9. "Flüchtlinge sind Wirtschaftsflüchtlinge."

Slayer 1: Die meisten Flüchtlinge kommen aus Kriegsgebieten – wer gezwungenermaßen aus Trümmern flieht, ist kein Urlauber. Flüchtlinge sind auf der Flucht. Sie bekommen nur ein Aufenthaltsrecht, nachdem ihr Asylantrag geprüft wurde.

Slayer 2: Es gibt keine Wirtschaftsflüchtlinge. Aber: Es gibt Arbeitsmigration. Derzeit leben z.B. über 300.000 Deutsche in der Schweiz. Zusätzlich pendeln mehr als 60.000 Deutsche als Grenzgänger:innen im Jahr zum Arbeiten über die Grenze. Warum sollten Afrikaner oder Asiaten weniger Freiheiten haben?

10. "Politische Korrektheit schränkt die Meinungsfreiheit ein."

Slayer 1: Wenn du das öffentlich sagen kannst, ohne verhaftet zu werden, ist deine Meinungsfreiheit wohl intakt.

Slayer 2: Es stimmt, es gibt Momente, in denen will man sich gar nicht politisch korrekt ausdrücken, sondern einfach direkt drauf los beleidigen. Das sind die Momente, in denen man besser die Schnauze hält.

Quellenangabe

[1] Die Fachliteratur zu den hier angerissenen Themen füllt Bibliotheken und kann in diesem handlichen Praxisbuch nicht in vollem Umfang erörtert werden. Die Komplexität und Vielfalt von Behauptungen und Belegen werden deshalb zum Zwecke der besseren Praktikabilität verkürzt und komprimiert.
[2] tagesschau.de
[3] Status der AfD-Landesverbände zur Verfassungsschutz-Prüfung | Statista
[4] Vgl. Verfassungsschutzbericht 2023, verfassungsschutz.de

[5] https://www.fr.de/politik/bjoern-hoecke-afd-thueringen-parteitag-2022-vorsitzender-rechtsextremismus-verfassungsschutz-fluegel-91612050.html
[6] Diffamierung=Herabwürdigung=übler Diss
[7] https://www.reporter-ohne-grenzen.de/rangliste/rangliste-2024
[8]https://www.tagesschau.de/inland/bundestagswahl/desinformation-russland-briefwahl-100.html
[9] https://correctiv.org/faktencheck/russische-desinformation/2025/01/23/angriff-aus-russland-auf-bundestagswahl-deepfake-ki/
[10] https://www.youtube.com/watch?v=3eLLNvnxrEA
[11] AfD-Grundsatzprogramm
[12] https://www.ipcc.ch/report/sixth-assessment-report-cycle/
[13]https://www.researchgate.net/publication/256538724_Quantifying_the_Consensus_on_Anthropogenic_Global_Warming_in_the_Scientific_Literature
[14]https://www.dwd.de/DE/presse/pressemitteilungen/DE/2024/20241230_deutschlandwetter_jahr_2024_news.html?utm_source=chatgpt.com
[15] Prof. Dr. Bruno Burger: *Stromerzeugung in Deutschland im Jahr 2023.* In: *energy-charts.info.* Fraunhofer Institute for Solar

Energy Systems ISE (energy-charts.info), 10. Januar 2024, abgerufen am 22. Januar 2024.

[16] Stromgestehungskosten sind die durchschnittlichen Kosten, die für die Erzeugung einer Kilowattstunde Strom anfallen.

[17]https://www.ise.fraunhofer.de/content/dam/ise/de/documents/publications/studies/DE2024_ISE_Studie_Stromgestehungskosten_Erneuerbare_Energien.pdf

[18]https://www.bmwk.de/Redaktion/DE/Artikel/Industrie/klimaschutz-abkommen-von-paris.html

[19] Die folgenden Beispiele können alle auf wwf.at nachgelesen werden.

[20] https://jugendstrategie.de/hasserfuellte-und-menschenverachtende-zitate-der-afd/

[21]https://x.com/StefanKeuterAfD/status/17210946918468610 48

[22] Asylentscheidungen und Klagen | Zahlen zu Asyl in Deutschland | bpb.de

[23] de.statista.com

[24] https://www.tagesschau.de/wirtschaft/oecd-migration-beschaeftigung-100.html

[25]https://www.diw.de/de/diw_01.c.934290.de/publikationen/diw_aktuell/2025_0101/mehr_migration_koennte_potenzialwachstum_der_deutschen_wirtschaft_deutlich_erhoehen.html

[26] https://iab.de/presseinfo/iab-presseinformation-arbeitsmarktintegration/?utm_source=chatgpt.com

[27]https://x.com/AfD_Fraktion_HH/status/17784185168963956 95

[28] https://www.ifo.de/publikationen/2025/aufsatz-zeitschrift/steigert-migration-die-kriminalitaet-ein-datenbasierter-blick

[29]https://www.bmi.bund.de/SharedDocs/pressemitteilungen/DE/2024/04/pks2023.html

[30]https://www.welt.de/politik/deutschland/article255041792/Kriminalitaet-Zahl-rechtsextremer-Straftaten-in-Deutschland-auf-Rekordhoch.html

[31] BMI - Publikationen - Polizeiliche Kriminalstatistik 2023
[32] Vgl. PKS 2023.
[33] Mansel, Jürgen/Albrecht, Günter (2003): Die Ethnie des Täters als ein Prädiktor für das Anzeigeverhalten von Opfern und Zeugen, In: Soziale Welt 54, S. 339–372.
[34] https://www.amnesty.de/sites/default/files/2021-10/Amnesty-Positionspapier-zu-Racial-Profiling-Oktober2021.pdf
[35]https://www.bmi.bund.de/SharedDocs/pressemitteilungen/DE/2024/04/pks2023.html
[36] https://www.youtube.com/watch?v=Ke0C6ypzabg
[37] AfD_Europawahlprogramm_A5-hoch_web_150319.pdf
[38] https://arxiv.org/abs/2207.04480?
[39] https://migrant-integration.ec.europa.eu/library-document/oecd-bericht-deutschland-stand-der-integration-von-eingewanderten_de?utm_source=chatgpt.com
[40]https://www.tagesspiegel.de/potsdam/brandenburg/rechtes-geheimtreffen-in-potsdam-brandenburger-afd-mann-gibt-versprechen-fur-millionenfache-remigration-11036305.html
[41] AfD erklärt ihre Position zum Thema „Remigration" - Politik - SZ.de
[42] https://correctiv.org/aktuelles/neue-rechte/2024/01/10/geheimplan-remigration-vertreibung-afd-rechtsextreme-november-treffen/
[43] **Genfer Flüchtlingskonvention**: Dieses internationale Abkommen legt fest, dass Flüchtlinge nicht in Länder zurückgeschickt werden dürfen, in denen ihnen Verfolgung droht. Die Konvention unterstreicht die Verpflichtung zur Aufnahme und zum Schutz von Menschen in Not.

[44]https://de.statista.com/statistik/daten/studie/1356654/umfrage/anzahl-ukrainischer-fluechtlinge-in-den-eu-staaten/
[45] Ebd.
[46]https://www.destatis.de/DE/Presse/Pressemitteilungen/2023/12/PD23_476_12.html?utm_source=chatgpt.com

[47]https://www.zdf.de/nachrichten/politik/deutschland/afd-wahlkampf-abschiebetickets-migration-100.html
[48] BAMF - Bundesamt für Migration und Flüchtlinge - Infothek - Migrationsbericht für 2023: Nettozuwanderung nach Deutschland im Vergleich zum Vorjahr mehr als halbiert
[49] https://www.th-koeln.de/hochschule/herausforderung-fachkraeftemangel_91145.php
[50] https://de.openparliament.tv/media/DE-0200089093?q=bev%C3%B6lkerungsaustausch&factionID%5B%5D=Q42575708&dateFrom=2021-11-15
[51] prm-22460-broschure-gender-mainstreaming-data.pdf
[52] prm-22460-broschure-gender-mainstreaming-data.pdf
[53] https://www.mckinsey.de/news/presse/2024-03-06-diversity-matters-even-more
[54]https://www.apa.org/news/press/releases/2015/07/same-sex-parents?utm_source=chatgpt.com
[55] https://www.youtube.com/shorts/itp1xtVw4y8
[56] Vorsicht, dieses Wort ist rechtsextrem behaftet.
[57]https://de.statista.com/statistik/daten/studie/37028/umfrage/mitglieder-in-religionsgemeinschaften-in-deutschland/#statisticContainer
[58]https://de.wikipedia.org/wiki/Mitgliederentwicklung_in_den_Religionsgemeinschaften#Auf_Basis_der_Fowid-Untersuchung
[59] BAMF - Bundesamt für Migration und Flüchtlinge - Integration - Muslimisches Leben in Deutschland 2020

[60] https://www.bertelsmann-stiftung.de/de/themen/aktuelle-meldungen/2017/august/integration-von-muslimen-in-deutschland-macht-fortschritte
[61] bertelsmann-stiftung.de

[62]https://www.mitmischen.de/parlament/innenpolitik/groesste-bedrohung-ist-der-rechtsextremismus
[63] https://www.bundesregierung.de/breg-de/aktuelles/verfassungsschutzbericht-2023-2292774

[64]https://www.facebook.com/afdleipzig/posts/196311206385636 3/
[65] https://www.dw.com/de/faktencheck-kein-wahlbetrug-afd-hamburg-leipzig-bundestagswahl-wahl-2025-deutschland/a-71715004
[66]https://www.bundesverfassungsgericht.de/SharedDocs/Pressemitteilungen/DE/2022/bvg22-010.html?nn=148438
[67] https://www.ndr.de/nachrichten/schleswig-holstein/AfD-im-Kreis-Herzogtum-Lauenburg-Fraktion-im-Streit-halbiert,afdlauenburg100.html
[68]https://www.br.de/presse/inhalt/pressemitteilungen/afd-recherche-bundestag-mitarbeitende-rechtsextrem-100.html
[69] Die Identitäre Bewegung wird vom Verfassungsschutz als gesichert rechtsextremistisch eingestuft und beobachtet.
[70]https://www.tagesschau.de/europawahl/themen/europawahl-rechtspopulisten-afd-100.html
[71]https://www.washingtonpost.com/world/2025/02/20/musk-germany-election-afd-x-twitter/
[72] https://www.zeit.de/politik/2025-02/vance-weidel-afd-usa-sicherheitskonferenz
[73] https://taz.de/Rechter-Terror-in-Deutschland/%215608261/
[74]https://www.tagesschau.de/inland/verfassungsschutzbericht-138.html
[75] Vgl. Sebastian Hennig (Hrsg.): Nie zweimal in denselben Fluß: Björn Höcke im Gespräch mit Sebastian Hennig. 2. Auflage, Manuscriptum, Berlin 2018, S. 254 ff.
[76]https://www.bpb.de/themen/rechtsextremismus/dossier-rechtsextremismus/200097/debatte-extremismustheorie/
[77]https://www.verfassungsschutz.de/DE/themen/rechtsextremismus/rechtsextremismus_node.html
[78]https://www.bmi.bund.de/SharedDocs/downloads/DE/veroeffentlichungen/nachrichten/2024/pmk2023-straf-gewalttaten.pdf?__blob=publicationFile&v=3

Alle Websites wurden zuletzt am 03.03.2025 aufgerufen